中国文化
知识读本

ZHONGGUO WENHUA ZHISHI DUBEN

古代栈道

金开诚◎主编

王泽妍◎编著

吉林出版集团有限责任公司
吉林文史出版社

图书在版编目（CIP）数据

古代栈道 / 王泽妍编著 .—长春：吉林出版集团
有限责任公司：吉林文史出版社，2009.12（2022.1 重印）
（中国文化知识读本）
ISBN 978-7-5463-1568-3

Ⅰ.①古… Ⅱ.①王… Ⅲ.①古道–简介 Ⅳ.
① K878.4

中国版本图书馆 CIP 数据核字（2009）第 242581 号

古代栈道

GUDAI ZHANDAO

主编/ 金开诚 编著/王泽妍

项目负责/崔博华 责任编辑/曹恒 于涉

责任校对/王明智 装帧设计/曹恒

出版发行/吉林文史出版社 吉林出版集团有限责任公司

地址/长春市人民大街4646号 邮编/130021

电话/0431-86037503 传真/0431-86037589

印刷/三河市金兆印刷装订有限公司

版次/2009 年 12 月第 1 版 2022 年 1 月第 6 次印刷

开本/650mm×960mm 1/16

印张/8 字数/30千

书号/ISBN 978-7-5463-1568-3

定价/34.80元

关于《中国文化知识读本》

　　文化是一种社会现象，是人类物质文明和精神文明有机融合的产物；同时又是一种历史现象，是社会的历史沉积。当今世界，随着经济全球化进程的加快，人们也越来越重视本民族的文化。我们只有加强对本民族文化的继承和创新，才能更好地弘扬民族精神，增强民族凝聚力。历史经验告诉我们，任何一个民族要想屹立于世界民族之林，必须具有自尊、自信、自强的民族意识。文化是维系一个民族生存和发展的强大动力。一个民族的存在依赖文化，文化的解体就是一个民族的消亡。

　　随着我国综合国力的日益强大，广大民众对重塑民族自尊心和自豪感的愿望日益迫切。作为民族大家庭中的一员，将源远流长、博大精深的中国文化继承并传播给广大群众，特别是青年一代，是我们出版人义不容辞的责任。

　　《中国文化知识读本》是由吉林出版集团有限责任公司和吉林文史出版社组织国内知名专家学者编写的一套旨在传播中华五千年优秀传统文化，提高全民文化修养的大型知识读本。该书在深入挖掘和整理中华优秀传统文化成果的同时，结合社会发展，注入了时代精神。书中优美生动的文字、简明通俗的语言、图文并茂的形式，把中国文化中的物态文化、制度文化、行为文化、精神文化等知识要点全面展示给读者。点点滴滴的文化知识仿佛颗颗繁星，组成了灿烂辉煌的中国文化的天穹。

　　希望本书能为弘扬中华五千年优秀传统文化、增强各民族团结、构建社会主义和谐社会尽一份绵薄之力，也坚信我们的中华民族一定能够早日实现伟大复兴！

【目录】

一　什么是栈道

三峡古栈道遗址

（一）栈道的名称有哪些解释

以中国早期历史上最著名的中心城市西安为起点，向西有著名的"丝绸之路"，往东有"东方大道"，北边是秦朝最早修建的长城，南边就是穿越秦岭、连接秦蜀的栈道。

有人认为栈道是打仗时的紧急道路，

也有人认为栈道就是古代的木桥。简单地说，栈道是指在悬崖绝壁上凿孔支架木桩，铺上木板而形成的窄路。又称阁道、栈阁、桥阁、复道。此外，古代高楼间架空的通道也称之为栈道。栈，用木料和其他材料架设的通道。栈道在《辞源》里的解释是：在险绝处傍山架木而成的道路。《辞海》中对栈道有这样的解释：栈道……我国古代在今川、陕、甘、滇诸省境内峭岩陡壁上凿孔架桥连阁而成的一种道路，是当时西南地区的交通要道。中国最早的栈道出现在战国时期，古书中对栈道也有所记载。《战国策·齐策六》："（田单）为栈道木阁而迎王与后于城阳山中。"《史记·高

三峡古栈道遗址

祖本纪》："楚与诸侯之慕从者数万人，从杜南入蚀中。去辄烧绝栈道，以备诸侯盗兵袭之，亦示项羽无东意。"司马贞在《史记素隐》中引崔浩曰："险绝之处，傍凿山岩，而施梁为阁。"唐赵氏《杂言寄杜羔》诗："梁州秦岭西，栈道与云齐。"《淮南子·本经训》："大构驾，兴宫室，延楼栈道，鸡栖井干。"高诱注："栈道，飞阁复道相通。"

　　一般印象中的栈道是行军打仗时所用，架在高山峡谷之间。其实栈道依赖具体的地理环境和用途，其具体形式是丰富多彩的。昔日古栈道的辉煌已然不在，我们只能从遗迹之中略睹风采。

重庆三峡沿岸的孟良梯古栈道

（二）栈道是怎样建造的

栈道的主要形式是在悬崖峭壁上凿孔，插入木梁，上铺木板或再覆土石而成。也有在石崖上凿成台级，形成攀援上下的梯子崖。还有在陡岩上凿成的隧道或半隧道。由于栈道建造的地区环境各异、地形复杂，所以一条栈道常可因地制宜分段采取不同形式。

栈道究竟是怎样建造的？在技术不够成熟的时代，我们很难猜测古人建造栈道的原理和方式。在中国人保护文物的意识觉醒后，专家学者在有限的条件下仔细考察了秦朝残留的栈道遗迹。

专家考证，秦蜀的栈道最早建于春

在悬崖峭壁上凿孔插入木梁，上铺木板，栈道便由此而成

《开通褒斜道刻石》拓片

汉中褒河峡谷复原的古代栈道

秋时期。秦国为了开拓疆土，使自己在七大诸侯国中占有一席之地，并最终实现统一六国的目的，在秦岭的悬崖峭壁上凿洞，插上木头作为梁，起支撑作用，最后在梁上铺木板，就这样修建成了最早的两条栈道——褒斜道和金牛道。秦国等蜀道开通后，就暗派大军长驱直入，蜀国没有防备，前线军队又寡不敌众，在葭萌一战大败，蜀国也就随之灭亡了。

　　褒斜道从秦汉至五代，都是沟通秦岭南北的重要通道，它盘桓于崇山峻岭之间，时隐时现，又被称作"连云栈"。金牛道又叫石牛道，得名源自"石牛粪

褒河

金、五丁开道"的故事，因说石牛能粪金，故称为金牛。来敏吧《本蜀论》云："秦惠王欲伐蜀，而不知道，作五石牛，以金置尾下，言能屎金。蜀王负力，令五丁引之成道。秦使张仪、司马错寻路灭蜀，因日石牛道。"古金牛道的线路，与今之金牛道线路大体吻合。从地理角度而言，金牛道经过了褒水（今褒河）、嘉陵江诸多河川，在龙门山脉与秦岭山脉之中开凿出一条道路，连接起了汉中平原与成都平原，从历史角度而言，金牛道是古蜀历史上首次见于史书的道路，堪称第一条官道，连接起了成都平原的古蜀王国与历代中原王朝，"不与秦塞

金牛道

通人烟"的历史已成为过去。

在此之前，秦人蜀人其实已有交锋。当时蜀人咄咄逼人，没将秦人放在眼里。秦国实力逐渐强大的时候，不仅因为与蜀国的旧恩怨，再加上蜀地的物资充沛，一场决定秦蜀两国命运的决战，在葭萌关外的旷野河谷拉开序幕。这回秦国并没有示弱，向蜀国人步步紧逼。自葭萌到剑门关，历来是四川北部最为重要的军事屏障，金牛道修成后，自剑门关以下，再无险可守。秦国自此之后真正崛起，并一举灭了其他六个大诸侯国。

虽然现在这些古栈道已经成为了羊

金牛道又称石牛道，得名源自"石牛粪金、五丁开道"的故事

肠小道，我们再无法领略古栈道的雄奇，但是回首历史，也不禁感叹人的力量之大。

秦朝开修建栈道的先河，秦汉之后，又陆陆续续修建起许多栈道，逐渐形成了"栈道千里"的格局。联想现代纵横交错的道路，纵然古代道路没有这样的密度，也着实壮观！这些栈道路面最宽达6米，最窄达0.9米，一般宽度为2米。栈道并不是单一的形式：为了行人车马的安全，栈道还有栏杆作为防护。有的地方为了防止泥石流伤人、方便避雨，还在栈道上加盖了阁。

在交通并不是很便利的古代社会。栈

道在当时也算是一种"高速公路"了。

栈道必须根据地形地貌和地质结构的特点进行施工，因此，建构方式多姿多彩。中国古代栈道主要有4种类型：（1）在悬崖峭壁上凿孔，支架木排柱来支撑，成简支梁桥，上覆土石；（2）在陡壁上凿孔，插入木梁，梁的另一端以柱支撑或仅为悬壁梁，梁上铺木面或再覆土石；（3）在石崖上凿成台级，成攀援上下的梯子崖；（4）陡岩上凿成半隧道或隧道。这四种类型中，前两种为常见形式。有的栈道则由这4种类型中的某几种组合而成。

栈道在缺乏现代技术的条件下如何建

从秦汉至五代，褒斜道都是沟通秦岭南北的通道

褒斜道盘桓于崇山峻岭之间

栈道建筑是我国古代工匠们的
一大创造

成，至今还是一个谜。是建造栈道的技术
失传、无从考证还是有其他的原因？中国
早期的科技是基于生产生活经验而发展起
来的，栈道的建造也不例外。专家考证后
推测，当时的工匠可能是先用木柴烧烤岩
石，当岩石表面温度达到一定程度之后，
用冷水或醋泼洒，使岩石炸裂出缝隙，再
用铁器楔入使岩面剥离。

　　栈道的建造也是我国古代工匠的一个
伟大创造，凝聚着劳动人民的智慧和创造
力。我们知道，那时中国的冶炼、火药技
术并不发达，但是中国人民凭借自己的智
慧和力量在悬崖绝壁之上修建出栈道，让
悬崖绝壁之上也有路可走，实在令人叫绝。

褒斜道地处褒水上游

所以著名桥梁专家茅以升曾说，要把栈道与长城、大运河并称为中国三大建筑奇迹。这并非夸张之辞，现代的巨大工程可以借用机器工业和先进能源，在古代，这样艰巨的工程，完全是靠人自身的力量去完成，是现代人无法想象的。

中国人讲究和谐，天时地利人和才是真理。但是这并不代表我们只是屈服于自

褒斜道是北结关中、南通巴
蜀的古道

然，因为山河的阻隔而放弃交流，而是在
合理的范围内发挥自身的创造力和凝聚
力，架设栈道，使天堑变通途，让自然能
够为人的发展发挥作用。使人不再被禁锢
在一个范围之内，而是更大范围地进行经
济、文化的交流，在自然的怀抱里促进人
类社会的发展，人与自然和谐相处才是最
好的发展道路。

（三）栈道有什么作用

交通道路对一个国家来说，是维护其
稳定和发展的大动脉。人类社会的发展和
人们的日常活动，诸如生产活动、贸易往
来、社会交往和信息传递等都离不开交通。

人类无数次政治、军事活动都是沿着这些命脉延展开来的。发达的交通可以促进国家的统一富强，而历史的兴衰也牵动着道路的存亡。中国的古栈道蜿蜒于崇山峻岭之间，从地域分布来说，在今四川、陕西、甘肃、云南等省内的山岭地区修建的栈道较多。这些古栈道至今已存在了近三千年，成为中国历史的见证者，其历史地位不容忽视。栈道是打破封闭的产物，是汉中人跨出盆地的桥梁，是张骞走向世界的通途，是连接南北丝绸之路的纽带。栈道与今天的西汉高速公路一脉相承，连接着古代、现代与未来的梦想。

《开通褒斜道刻石》拓片

栈道起到了沟通的作用，这与同样深受秦国重视的建筑工程——长城有一定区别。长城阻隔了北边的少数民族，栈道则使得南北之间的沟通更为便利。首先，栈道大大便利了交通，扩大了民众的交流。

　　在地形复杂、山区面积广大的地区，修建普通的道路是难上加难，建筑桥梁费时费工、满足不了畅通道路的需要。结合开辟巴蜀道的目的以及西汉初年关于军事战争中涉及栈道的记载来看，可以肯定早期栈道也是通行车马的。古时四川和陕西之间因为秦岭与大巴山高峻陡峭而相互隔绝，不通往来。在两省的民间传说故事中，

秦岭

多认为栈道是神人开出来的。实际上，是广大劳动人民发挥自身的智慧，发明了修建栈道的方法，使天堑变通途，大大增强了各地经济、文化的交流。对促进区域间（如秦岭南、北之间）的交流和民间来往都起了很大作用。中国地域辽阔，每一个地区都有自己独特的文化系统，比如巴蜀文化和中原文化就是非常有特色的两种文化，秦岭山脉的打通使得不同文化之间得以取长补短，蜀国的丝织技术向外传播，中原的正统文化也因其强大的生命力影响着巴蜀居民。以栈道留存最多的汉中为例，汉中是南北文化交汇之地，"风气兼南北""语言杂秦蜀"。汉中居间的地理区

安徽黄山盘山栈道

位，使这里有秦陇文化的遗风、巴蜀文化的浸润和荆楚文化的习俗，宗法礼教观念淡薄，开放风气领先。

从地域的角度来说，栈道的修建尤其在开发四川、甘肃、云南等在古代尚属于偏远的西南地区和西部地区方面更功效显著。

历代帝王只要是在国力允许的条件下，都非常重视栈道的修建。道路在古代国家中的历史作用是有目共睹的。

例如：汉武帝对褒斜道的大规模扩建，从褒斜道陆路运输，克服了"水湍石，不可漕"的困难。不仅使得水陆相结合，便利了交通，同时对西汉控制西南起到

汉中褒斜栈道建在悬崖绝壁之上

汉武帝时期对褒斜道进行了大规模的扩建

了重要作用，使得西南地区丰富的物产能够为西汉政府所用。褒斜道也就成为连结关中、汉中和巴蜀的要道。在当时的历史条件下，由于铁制农具的发达、牛耕的推广、水利事业的兴盛、施肥方法及耕种方法的进步，西汉的农业生产蓬勃地发展起来。虽然农业兴盛地区扩大了，但其中的山东、河北、河南一带，却屡遭黄河溃决之患，每每成灾；关中、汉中和巴蜀三地则是重要的产粮区，在一段时间里竟成为赖以减缓灾情的谷仓。在此情况下，扩建后的褒斜道就承担了向灾区运送粮食的繁重任务，这又一次表明了它存在的意义和价值。

《开通褒斜道刻石》拓片

东汉桓帝建和二年（148年），石门的凿成，确为广大人民带来了一段时间的平静生活。所以，君子、庶人、商人、农民无不雀跃。之后，历代常有人在石门摩崖上镌刻题记，抒发对开凿石门的有关人士的感佩之情，或记叙其工程之艰苦状，其内容十分丰富，为我们了解古代的政治、社会、经济、军事、文化、地理等情况，保存了很有价值的史料。

公元前221年，秦始皇统一中国，建都咸阳。从那时到汉王朝结束的四百多年间，由于要运送粮食给京师，陆路运输受运输工具及崤函古道艰险难行的制约，黄河漕运就成了当时唯一的运输渠道。黄河中游河道水流湍急，逆流航行极其困难，特别是三门峡天险的阻隔，给黄河漕运带来难以克服的障碍，运输成本巨大。为了保证漕运的正常运行，历朝历代都十分重视对黄河三门峡河道的疏通治理。当时，对三门峡天险大规模整治所采取的主要措施，就是疏凿航道和开凿供纤夫行走的栈道。

其次，栈道满足了行军作战的需要，而后成为军民共用的山区交通要道。

栈道作为我国古代的一种奇特建筑，它不仅仅是古代西部重要的交通枢纽，也

栈道在古代军事、经济、交通等方面都发挥了重要的作用

是兵家攻守的交通要道，在军事经济、交通等方面发挥了巨大的作用。修建栈道确实为中华民族的发展和开拓疆土起到了巨大的历史作用。

从秦始皇统一六国的战争、著名的楚汉之争、三国之争都可看出，栈道的军事作用是历史性的。

国力强盛之时，出于政治扩展、军

事争霸、武力征服的需要，当政者会大力修筑道路，千里栈道在这些斗争中显得特别重要，就会进入兴盛发展时期。汉中、四川经济发达，地理位置重要，控制此地保障关中，其政治、军事意义十分突出。战国后期，秦国国力日益超出东方各国，其政治野心亦随之增加。为继续与各国争霸及为武力统一做准备，征服巴蜀成为当务之急。惠文王要伐蜀必先打通道路，军事斗争的需要使秦国正式整修了秦蜀道路。巴蜀归于秦后，对秦国力增强明显发挥了作用，秦王亦更重视秦岭蜀道的作用，在秦昭襄王统治期间，逐步将秦蜀山谷道路凿为栈道，

说起古蜀人的亡国之路，便不能不提到金牛道

什么是栈道
023

山城步道

由于故道多坡，褒斜道平缓，因而褒斜道成为穿越秦岭前往汉中巴蜀的主干要道。夺取巴蜀，富国强兵的目的达到了，这里也成为秦国争霸的后方基地，在军事战略上对楚国等形成直接威胁。

国力衰微的时候，毁弃栈道可以起到明显的防御作用，依靠自然地理环境形成易守难攻的优势。例如在"明修栈道，暗度陈仓"的历史典故之中，刘邦听从张良的建议烧毁栈道。烧毁栈道的目的是为了便于防御，这条路是关中至汉中的交通要道，毁弃则使得蜀地易守难攻；更重要的是为了迷惑项羽，使他以为刘邦真的不打算出来了，从而松懈对刘邦

古代驿站

的戒备。

　　再次，是古代通邮的重要通道。

　　中国邮传制度在先秦时建立起来，周时邮传制度已相当普遍，诸侯国之间为了政治、军事活动的需要，在交通要道上设置驿站，负责传递政府文书、运转货物、接待过往官员等。秦朝统一之后，秦始皇采取了"书同文"、

西岭雪山阴阳界奇观

"车同轨"、开河渠、修驰道等一系列措施，促使邮传系统在全国范围内建立，并制定了相关律令，使邮传制度开始向法规化、制度化发展，短短几年就建成了以"驰道"为干线的全国交通网。由于信息的传播与接受总是存在着时间与空间的距离，跨越这个距离而传通必须依赖传播工具。传播工具的发达与否，直接影响传播的深、广、快、慢等效果。在山地或者地形复杂的地区，道路的建设是以栈道为主的，那么邮驿制度在这些地区也是主要靠栈道来完成的。

古栈道如一架天梯直通上下

例如五百里褒斜栈道上亭阁相连，驿站就有十一处。褒斜道作为历史上的交通要道，不仅有雄伟的栈阁，而且有完备的用于邮驿的建筑设施。

驿站是古代供传递官府文书和军事情报的人或来往官员途中食宿、换马的场所。我国很早就将信息有组织的传递，在交通工具不是很发达的情况下，邮递多是驾马完成的，在道路艰险的地方，正是依靠栈道和驿站才得以顺利传递信息。西周时期，为了适应周王同诸侯之间联系的需要，在大道上每隔30里设一个驿站，备良马舟车，专门负责传递官府文书，接待来往官吏和运送货物等。

在交通闭塞的山区，栈道成为人们与外界往来沟通的主要通道

秦汉时期，形成了一整套驿传制度。邮驿分为陆驿、水驿、水陆兼并三种，各驿站设有驿舍，配有驿马、驿驴、驿船和驿田。

最后，栈道的建造是中国建筑史和交通史上的重要成就。

栈道在创意上和构思上别出心裁，有着非凡的想象力，深刻地凝结着古代中国劳动人民的无限智慧，是中国古代人民在世界上独一无二的创造发明，是中国交通史、建筑史乃至世界交通史、建筑史上的一个辉煌篇章。自栈道出现以后，栈道修筑工艺被应用于建造宫殿的阁道和高楼之间的架空通道，对后世的建筑技术、建筑风格影响很大，其巧妙的构思对近现代的盘山公路、隧道、高架桥、高架路都启迪良多。栈道为后世的道路建设也起了很大的启示作用，秦、汉以后的某些驿道和近现代的某些公路都是循着栈道的踪迹修建的。

总的来说，栈道是特定历史地理条件下的产物，它因军事而兴，也因军事而衰，但是它最重要的历史价值不是战争，而是促进了经济文化的交流，让信息和物资不再因为山脉河流的阻隔而中断，使以长安为中心的中原文化和以益州为中心的巴蜀文化互相取长补短，发挥各自的优势，丰富中华民族的文化与

在石崖上凿成台级，形成攀援上下的梯子崖

栈道是中国古代建筑史上的重要成就

智慧，让中华民族的文化更加充实和富有生命力。

文化有自身的地域限制，但是文化在发展的过程中，会进行新的分化和组合，这就需要交流和道路的沟通。在现代社会，信息和运输的作用不可忽视，在古代社会的交流中也是如此。如果说现在是电子信息承接起了未来，那么古代社会就是依靠道路承接起未来。

二 栈道的历史变迁

二 栈道的历史变迁

（一）秦朝：栈道起源

早在春秋时期，秦国就是一个野心勃勃的国家，为了扩大自己的领土，增强自身的实力，不仅不断扩充军事力量，而且对其他国家的资源也虎视眈眈。

虽然秦国经历了商鞅变法，国力有所增强，但是其经济实力和军事实力远远无法与其余的六个诸侯国持平。秦惠王更元九年，就统一六国的战略问题，张仪和司马错曾在惠王面前展开了争论。惠王赞成司马错占蜀伐楚的想法，由于当时的政治形势对秦国非常不利，苏秦的合纵思想已深入人心，秦国如果采取张仪的建议，对六国产生威胁，就会促成六国的联合。

此时的巴蜀之地沃野千里，物产丰裕，素有"天府之国"美誉，有良好的资源，物产丰富。秦国对这样的宝地自然是虎视眈眈。因为对于秦国来说，占领蜀地能够大大增强秦国的国力，巴、蜀成为秦统一战争中主要依赖的地区，对楚之国都和西部广袤地区构成了东西夹击之势。

可惜的是，关中与汉中、巴蜀之间，横隔着秦岭和巴山两大山脉，山势高峻陡峭，地形复杂，于是成为难以逾越的

商鞅像

天然屏障，交通非常困难。早在秦未南下之前，楚威王就因"秦有举巴蜀并汉中之心"而"卧不安席，食不甘味"，因此，对于楚国来说，加强其西部防御势在必行。

对于秦国来说，吞并六国的战争，所需要的物资是巨大的，光靠关中供应远远不够，一旦打起仗来，即使秦国的军力强盛，也难以支持很长时间。完全战胜其他六个诸侯国，需要充足的准备，不仅是在军事上，而且是在经济力量和物资供应上都应充分准备。而巴蜀、汉中丰富的物产，很难运往关中。物资的缺乏，使秦国难以在东部战场向其他诸侯国采取大规模

江西上饶三清山栈道

江西三清山栈道

行动，这就大大遏制了秦国的东向发展。秦国自然不愿意自取灭亡，但是由于关中与巴蜀、汉中间的交通没有得到改善，极大地阻碍了秦国兵力的调动以及巴蜀物资的外运。于是，因为政治、军事和经济的迫切需要，秦国开始考虑在这条必经之路上修栈道，以便统一六国，实现统一天下的雄心。

古代栈道
036

在悬崖峭壁上修建栈道。对于先民来说，无疑是一项艰巨的工程

秦岭、巴山之中山脉众多，层层叠叠，并且多是陡壁悬崖，地形复杂，所以在这里修建栈道是一项艰巨的工程，必须具备一定的科技条件，否则要耗费大量的人力、物力、财力。秦国自身的钢铁资源和冶炼技术都很欠缺，只有获得大量的钢铁，才具备修栈道的条件。秦国自身缺乏的东西只能到其他国家去"取"了，之后，秦人占有了楚国的钢铁工业基地，这才基本解决了凿山的工具问题。为开凿栈道迈出了重要的一步。

秦昭襄王（公元前 266 年即位）的相国范雎修筑过栈道，时人蔡泽称："栈道千里，通于蜀汉，使天下皆畏秦。"可见栈道的修建对于秦国的意义是何等重大！

我们知道的这几条秦朝修建的艰险的古栈道，是一个早于万里长城的巨大土木工程，也是中国古代的国家级"高速公路"。

这条栈道修成后，关中与巴蜀、汉中之间的交通得到了很大改善，巴山、秦岭天险变成了通途，栈道犹如一条连结南北的大动脉，把巴蜀、汉中丰富的物产，源源不断地运往关中和山东前线，满足了军需供应的需要。同时也保证了秦军在关中与巴蜀间的快速调动和集结，加强了这些

秦五尺道

明月峡栈道口石坊

地区间的政治、经济、军事和文化联系。由于具备这些条件，秦昭王二十六年，采用了司马错的决策，使其顺利实施。于是，昭王二十七年，秦国终于开始对楚国进行了大规模的夹击。在短短的四年之中，楚国西部辽阔的肥沃国土基本落入秦人之手，楚国百万大军也被歼灭得只剩下"十余万人"。

　　自此之后，秦朝的大一统也在交通线路上实现了统一，秦的控制能力不再受限制于山脉河流的阻碍。将疆域的控制力作为前提，秦朝又逐步实现了统一文字、统一度量衡等其他实现统一的措施，开创了中国延续几千年的封建制度。

　　秦朝建立之后，秦始皇（前259—前210年）为了加强中原和西南地区的联系，开辟了一条由今四川宜宾市经今云南盐津、昭通市至今曲靖市的一条栈道，全长超过1000公里，因道路险峻，路面仅宽五尺左右，故名"五尺道"。汉武帝时唐蒙对秦五尺道加以修治，改称西南夷道。至隋、唐时，又对秦五尺道和

"天下第一"石门道

汉西南夷道加以修治。因该道经过四川高县境内的石门山，故在隋、唐时又称此道为"石门道"。隋、唐后的石门道可由曲靖市再通往昆明、大理等处。唐与南昭之间的交通多经由此道。五尺道、西南夷道、石门道都是古代四川和云南之间的交通要道。

秦王朝虽然存在的时间短暂，只有15年的历史，秦朝的苛政和对人民的残酷统治也是罕见的，但是它对中国历史的贡献不可忽视，是中国真正实现统一的开始。在后来几千年的历史中，中国历朝历代有过兴衰荣辱，但是统一的基本格局没有根本改变。

（二）唐宋之后：栈道的衰落

汉唐和北宋是栈道的兴盛时代。在各地兴建了许多栈道，以完善各个地区的交通网络。

在古时的技术条件下，秦在自然环境、地缘政治等方面有着天然的潜在优势。迟至汉代，长江以南的大部分地区依然是"江南卑湿，丈夫早夭"的不毛之地，所以长期以来北方的发展都远远超过南方，汉唐繁盛的重心也一直都是北方。

汉唐时期的星宿栈道，和当时的历史背景是分不开的。汉唐盛世是中国历

汉唐时期是修建栈道的鼎盛时期

史上国力的鼎盛时期，有足够实力完善基础设施的建设，使民众的生活水平大大提高。汉朝的文景之治，唐代的贞观之治、开元盛世，都将中国的历史地位和文化、科技实力推向了巅峰。治世时期，天下太平，利于发展，国家也有足够的实力支持各项发展，于是栈道的修建和维护在这个时期也是兴盛时期。

如汉代杨母在大相岭造阁，隋唐治石门关三十里阁路，修斜谷道两千八百余间，宋修白水路栈阁 2309 间。

西汉元始五年（公元 5 年）王莽（前45—23 年）开辟"子午道"，起自杜陵（今

子午道

陕西西安市东南），跨越南山（即终南山，为秦岭一部分），至今陕西宁陕县，然后西沿子午河及汉水河谷，到达今汉中市。这条栈道的开辟大大缩短了由关中入川的路程，成了从关中到汉中的南北通道。古人以"子"为"北"，以"午"为"南"，故名"子午道"。子午道在三国时期为魏、蜀交兵的要道。

宋元开始，栈道数目骤减。如从唐到明草凉席楼一百多里栈道已经毁坏。四川大部分栈道也毁于明末。

木栈道毁坏之后，改为石栈道，多数则是改为碥道。所谓碥道，就是在有坡度的崖壁上削坡铲石筑成土石路，用铲凿下

子午道大大缩短了由关中入川的路程

方洞栈道

来的石块在路下坡上砌石墙，里面填上土石让道更宽。

汉唐时期，气候比现在温暖湿润，森林面积要比现在大很多，这为建造栈道提供了充足便利的原料。而南宋以后，气候逐渐寒冷干燥，人为砍伐使得森林资源骤减，建造栈道需要的原材料越来越匮乏。后来为了修建道路，只好在道路两旁种植树木以满足对木材的需要。有时木材短缺，就用石材来弥补。

由于森林面积的减少，水土流失严重，堵塞河床。水流湍急的时候，就冲毁了许多木制的栈道。大部分时间水流干涸，可以直接取道河床，栈道的使用

复原的古栈道

逐渐减少。

东晋以后，特别是南北朝时，政治中心一度东移。中国都城出现了东移倾向，两朝都大力营建东都。栈道的使用率大大降低，由于维护不力，有的年久失修，自然就废弃了。东晋时期，司马氏偏安江南，大批北方的文人、工匠南迁，给南方的发展带来了机遇，并且北方战乱

乐山凌云寺九曲栈道

频繁，人口大量南徙，使得南方的发展得到更多的机遇。加之长期的对峙与战乱，使古道屡遭兵毁火焚。昔日古道逐渐失去了往日的光辉，直到后来，曾为南北交通主干线的褒斜道也梗塞为羊肠一线，"仅供猿狐出没"。

唐代以后，畜力等使用增多，人们渐渐觉得栈道的作用不大，修建起来费时费力，同时，栈道的承载力也是有限的，所以慢慢改变了交通方式。唐代后期从安史之乱开始，逐渐国力衰微，文化经济都陷入萧条，也是栈道的修建维护大大减少的原因之一。

唐宋时期经济重心南移，北方的发展逐渐落后于南方，于是栈道等交通设施也渐渐受到冷落。经济重心的转移与当时气候的变化和南北农业的盛衰之间存在着必然的联系。但因农业还受其他自然、社会因素的制约，情况便颇为复杂。

子午道

我们现在看到栈道的遗迹，不免慨叹沧海桑田，世事变迁，只能够从栈道的历史中来探寻昔日辉煌。

（三）现代：栈道的保护和改造

在秦朝著名的古栈道中如今尚有迹可寻的主要有子午道、骆谷道、褒斜道、陈仓道、蓝武道等，均系古代自长安翻越秦岭、前往南方诸省的驿道。事实上，目前穿越秦岭的多条公路及铁路与秦岭古道均存在一定程度的承袭关系。例如，今宝成铁路的宝鸡至凤县段和川陕公路的凤县至汉中段大致沿陈仓道修筑；今

西万公路（西安至四川万源公路）大致沿子午道修筑；西（安）界（牌）公路大致沿蓝武道修筑；周（至）城（固）公路大致沿骆谷道修筑。

现存的栈道多为石柱式，应该是明清时木栈毁弃后在原有栈孔上设造的石栈遗迹。最远是唐宋遗迹，最近大概是红军长征时期遗留。

栈道在中国的许多地方都有分布，典型的木栈主要分布在四川、陕西、云南、贵州、西藏、甘肃等地区，而其中以四川、陕西两省分布最广，规模最大。

现存的栈道多为石柱式建筑

陕西境内的栈道主要分布在秦岭一线的故道、连云栈、古褒斜道、傥骆道、文川道、子午道、武关道上，分布集中，规模庞大。至今在褒斜道、子午道、武关道上，仍有许多栈孔、栈柱遗迹。其中，西安作为一个中心城市，旅游产业的发展有赖于周围区域旅游业的总体发展。因此，西安只有与陕南的汉中、安康、商洛三市携手开发秦岭古栈道旅游，通过秦岭古栈道把关中和陕南各地众多的旅游景点连起来，形成一个融自然景观与人文景观于一体的旅游网络，就能实现"多赢"，使陕南三市和西安的旅游业共同发展，形成良性循环。近年来，西安市的长安区和陕南的宁陕县对古栈道的开发从未停止，让古栈道放射出新光彩。

　　陇南一带也有栈道之设，"凭崖凿石，处隐定柱，临深长渊，三百余文，接木相连，号为万柱"。在白水江当时有"栈阁绝败"之称。直到宋代，今白水江还存有阁道。贵州有偏桥卫、偏桥驿，可知以前有栈道存在。安徽有城阳山栈道，山西有浑远悬空寺栈道，河南有三门峡栈道，滇西有龙小甸山栈道。

　　今四川有许多旅游栈道，如大宁河旅

大宁河古栈道

游栈道、峨眉山清音阁栈道、乐山凌云寺栈道、青城山龙隐峡栈道和明月峡栈道。我国现存最大的栈道遗迹在今四川大宁河。20世纪80年代修复大宁河旅游栈道是大宁河盐运栈道在明末清初毁破后的第一次修复。

据猜测大宁河栈道修建的时间可能上溯至战国晚期，其根据源于"战国鲁班修栈道"的传说。传说不能完全令人信服，据考证大宁河悬棺为战国晚期至西汉所葬，是根据其中的陪葬品断定的。战国时期国力已经有了明显的发

峨眉山清音阁栈道

青城山龙隐峡栈道

展，制造工具的技术也更加先进，早期大宁河也算是栈道最早出现的地区之一。在龙门峡西的悬崖壁上留下了许多整齐的方形孔，这都是古栈道的遗迹。大宁河古栈道遗址，按其主要功能，可以以宁厂古镇后溪河口作为分界，划为北上段和南下段。经实地考察并结合有关历史考古资料分析可

大宁河古栈道遗址

知，北上段古栈道主要是运盐通道，而南下段则是供架设枞竹管道输送宝源山麓天然盐泉至巫山大昌坝及巫山城郊等处煮盐的输卤栈道。北上段两河栈道与各条山路实际上连成了网络，形成了四通八达的山地交通格局。目前大宁河成为著名旅游景区，古栈道遗迹也成为大宁河有代表性的景点。

现在有的公路也是在对栈道的改造基础上建设的：1936年，南京国民政府沿褒斜古栈道，修建成宝（鸡）汉（中）公路，行至褒城，又折西南经沔（勉）县、

石门水库

宁强、广元、绵阳而达成都，成为"川陕公路"，成为抗日战争时期联结西南和西北的要道。现在也是陕西甚至宁夏、甘肃入川的一条重要通道，是我国西北和西南的货运大通道，地处秦岭山间的留坝路段是川陕公路的"咽喉"。川陕公路自四川成都经绵阳、剑阁、昭化至广元与陕西交界的七盘关，修建川陕公路的工程非常艰辛。工人生活条件艰苦，山区的地形复杂并且十分危险，虽然有前人修建的栈道，但是新时期对道路的要求已经大大提高了，依然耗费了大量的人力物力。历时两年，1937年时，川陕公路正式竣工通车，成为新蜀道。自此之后，一直在为川、陕两地的交通运输、人员物资往来起着大动脉的作用。

总的来说，栈道融合了道路和桥梁的用途和设计原理，是我国古代劳动人民的伟大创造。虽然现在它已经不像从前那样起着交通动脉的作用，但依然是人们追忆历史时可赞叹的遗迹，也为研究古代文化、经济、军事等方面的历史起着举足轻重的作用。存有遗迹的栈道或者被开辟成新的道路，或者成为旅游景区中不可缺少的独特风景线。它承接着历史和未来，继续静观历史的发展变化。

三　栈道和风景名胜

南天门是华山险道之首

（一）华山古栈道

1. 北魏地理学家郦道元《水经注》说"远而望之，又若花状"，这是华山名称的来由之一。华山是我国著名的五岳之一，仰韶文化和龙山文化遗址密布华山脚下的黄河支流渭河一带。寻找华夏文化的遗迹，脉在黄河，根在华山。自周代起，历代帝王大多要祭拜华山，形成了带有浓厚和神秘色彩的祭祀文化。它不仅有着深厚的历史底蕴，是我国著名的游览胜地，同时也是道教有名的"洞天福地"。金元时，王重阳创建全真道派。自全真派兴起时起，华山即是全真道场。清朝统治者崇信佛教，不重视道教，所以华山之上的道教发展也每况愈下。

华山海拔2154.9米，居五岳之首，位于陕西省西安以东120公里历史文化故地渭南市的华阴县境内，北临坦荡的渭河平原和咆哮的黄河，是渭河平原上的一道奇景，南依秦岭，是秦岭支脉分水脊北侧的一座花岗岩山。

都说"华山天下险""自古华山一条路"，华山的奇绝险要闻名天下，石山高耸，直插云霄。由于华山太险，所以唐代以前很少有人登临。

2. 周代之后山岳崇拜之风盛行，但唐代以前都是在华山脚下的西岳庙进行祭拜，以祭千岳神来表明自己的统治是

华山长空栈道

华山长空栈道依崖凿出

华山栈道奇险

古代栈道

华山长空栈道

承天受命。西岳庙始建于东汉，发展于唐、宋，完善于明、清。西岳庙坐北朝南，庙门正对华山。现存为明清建筑，其占地186亩，规模很大，因此有"小故宫"的称号。

秦汉时期是华山路线探索阶段，最初是以修建石阶为主，直到唐朝，道教受到统治阶级的推崇而得到进一步发展。随着道教兴盛，道教徒众逐渐在北坡沿溪谷而上开凿了一条险道，开始架设栈道，在华山上建道观，即路开到哪里，道观就建在哪里，于是才形成了"自古华山一条路"。从山下至山上的登山路线为：玉泉院——五里关——莎萝坪——毛女洞——青柯

华山之险，绝无虚言

坪——回心石——千尺幢——百尺峡——老君犁沟——北峰——擦耳崖——苍龙岭——五云峰——金锁关。到达金锁关后，才可上中峰游览，并以环线游览东、西、南三峰。直到20世纪90年代黄甫峪的"智取华山路"通后，华山才有了第二条登山道。

3. 在奇绝的华山上修路，自然免不了要修建栈道。长空栈道则是华山栈道的险中之险。自古喜爱探险的名流和文人侠客，常常在长空栈道留下足迹。明代"后七子"之一的李攀龙在《太华山记》中记述："出南天门向西就是栈道，栈虽有铜柱铁索拦护，然阔不盈尺。行二十余丈方至尽头。下折为井，高约三丈，旁出复为栈……"长空栈道三面临万丈深渊，栈道高悬于万丈深渊之上，游人只能贴壁而行。

追溯历史，长空栈道在金元时期建成，并附有铁索。长空栈道是元代陇西贺元希来华山时所凿，最初他居住在山外的"全真观"里，但是那里接近俗世，不宜修行。华山奇绝险要，不通人烟，可以说是一片净土，是一个适宜修行的地方，于是贺元希开始带领弟子开山凿洞。他在华山用于开道、凿山洞的时间就有40年，用自己的力量战胜了自然界的天险，成了开华山

三峡古栈道遗址

栈道的第一人。

建国之后，对华山道路的修建使得这里的道路更加便利，1996年修建索道之后，就改变了"自古华山一条路"的旧格局，成为游人向往的旅游胜地。

（二）三峡古栈道

唐代诗人杜牧的诗句"一骑红尘妃子笑，无人知是荔枝来"，令人感叹社会的不公平和相比之下百姓生活的辛酸。那赢得贵妃一笑的南方鲜荔枝是如何运到长安的呢？有专家认为是从三峡栈道上运来的，因为在栈道上快马加鞭，新鲜荔枝一两天就能送抵长安。我们现在已经不能看到三峡栈道的遗迹了，但是不等于它蕴藏的千年历史也沉于水下。

1. 三峡古栈道全长约五六十公里。瞿塘峡段从奉节县草堂河口东岸起，至巫山县大溪对岸的状元堆山，长约十公里；巫峡段从巫山县对岸起，至川鄂两省交界处的青莲溪止，长30公里；其余则零星分布在西陵峡中。资料记载，栈道凿成之后，路面较为宽阔，车来马往，纤夫可与轿工并肩而行，由于岩石的风化，栈道才变得狭窄起来。过去，每至洪水季节，川江便禁航，直到清光绪十四年（1888年），三峡人民依绝壁一锤一凿，开凿三峡栈道，才使三峡的交通得到改善。时至今日，栈道上还可以往来行人。

古时候，长江一直作为中国水运的交通要道。三峡作为四川盆地与其他地区联结的重要交通线之一，虽然山路崎岖，水路凶险，但由于物资运输和人员往来的需要仍逐步发展起来。在这样山水交错、地形复杂的地区建造栈道，实在是巧夺天工的大手笔。

2. 三峡工程蓄水后，三峡栈道不仅是进峡独路，也成为三峡名胜古迹的一部分。

三峡工程使得三峡水位抬高，会淹没

长江三峡古栈道木桩

三峡古栈道"一线天"

库区的部分地区，为了保存库区珍贵文物，库区规划中都准备了搬迁保护的详细计划和具体措施，可惜的是，包括古栈道在内的一些无法移动的遗迹只能深埋于水下了。位于库区淹没线以下的文物古迹，包括新石器时代文化遗址，夏、商、周、战国、西汉、晋、南北朝、唐、宋时代的古墓遗址，三峡与大宁河中的

三峡古栈道遗址

部分古栈道，涪陵白鹤梁枯水题刻，云阳龙脊古枯水题刻、云阳张飞庙、忠县甘井沟无铭阙等。

三峡工程蓄水135米后，三峡古栈道大部分已被淹没，蓄水175米后，除极个别高处外，栈道基本已长埋水下，三峡古栈道长睡江中了。

3. 追溯三峡的历史，在东汉建安十九年（214年），刘备、诸葛亮率军定江州（今重庆）后，命赵云军队南向江阳（泸州）攻犍为，张飞军队沿嘉陵江北上攻巴西（合川以上的遂宁、南充一带）。张飞军队进入嘉陵江小三峡地带，因水势凶险而前进受阻。为不贻误军机，便于嘉陵江小三峡的沿江左岸，在原有人行小路的基础上，开筑行军道路。这条道路，护险编栏，竖围马墙，宽3尺，实际上是行军栈道。

这条栈道后来在军事上也发挥过重要的作用。据史料记载，东晋永和三年（347年），荆州刺使桓温率军溯长江经嘉陵江而上消灭成都李氏政权，就经过三峡栈道。宋理宗开庆元年（1259年），钓鱼城攻防战中宋蒙双方都由此道进军。当年春夏之交宋将吕文德率兵驰援合州，沿嘉陵江而上，蒙古军史天泽军与宋军大战三槽山（今观音峡），吕文德兵败而退守重庆，史天泽沿此栈道追赶宋军。后来，这条栈道成为合川至重

三峡古栈道就要被江水淹没

三峡古栈道

庆的行商道路，也是联结这两个地方最短的路线。

4. 清道光二年（1822 年），在合州的陈大猷等巨商，带头捐资，将年久失修、经常坍毁而中阻的三峡古栈道，用两年半的时间完成了修复。从合州沙溪庙北岸起，经盐井、草街、二岩、黄桷树至水土沱止，全长 55 公里，约宽 1—1.5 米。

剑阁古栈道

1998 年 10 月开工新建的渝合高速公路合川到西山坪段，正好是这条古栈道的路线。2002 年，渝合高速公路竣工，起于渝北区余家湾，止于合川涪江二桥，全长 58 公里，大大缩短了他们之间需要花费的时间。古栈道也因此有了新功绩。

（三）剑阁古栈道

剑阁为剑门蜀道的核心枢纽区域。"剑阁峥嵘而崔嵬，一夫当关，万夫莫开"。李白在诗词中形象地刻画了剑阁的重重艰险和其地位的重要。

剑阁在东汉建安二十二年建汉德县，不过古城区现存的建筑，为典型的明代城池建筑，别有韵味。剑阁自东汉建安二十二年建汉德县以来，迄今已有一千八百余年的历史。它北扼三秦，南镇三巴，素有"蜀门锁道"之称。剑门关景区位于剑阁县北部，主要由剑门关关楼景区、剑门关国家森林公园梁山寺庙景区和翠云廊景区三部分组成。

剑门内外，蜀道崎岖，名关相连。自成都至广元，有白马关、剑门关、白水关、葭萌关、飞仙关、七盘关等。在这十数处关隘中，剑门关以其险要居众关之首。大剑山七十二峰在此中断，两峰对峙，形成

峨眉山清音阁栈道牌坊

天然狭窄隘口，远眺宛如城门。史籍记载说："诸葛亮相蜀，于剑阁立门，以大剑山至此有隘束之路，故名剑门。"并"修复阁道，置尉守之"。诸葛亮入蜀，修复坏损的剑阁栈道，利用这险峻的山势，设立剑门关，派兵守卫，开创了剑门关的历史。一千多年来，在这里发生过七十余次争夺战。因关山险阻，难攻易守，使剑门关成为"一夫怒临关，百万未可傍"的天下险关。

廊中古柏上自秦汉，下抵明清。经历六次大规模种植，现存古柏八千余株，大多数树龄在1700年以上。一位美国学者说："翠云廊当是世界一绝，是世界最早行道树的活化石。"一位香港游客说:"游剑门蜀道翠云廊,不亚于去一次欧洲古罗马大道。"一位日本电影导演说:"这里是人工无法复制的天然摄影棚。"

苍苍古柏,姿态万千。有"阿斗柏""安乐椅""帅大柏""五鼠爬竿""巨蟒吞石"等。古柏不仅有形象的树名,且每株树都有神奇的传说。

千里蜀道和万里长城、大运河一样,是中华民族勤劳的见证和智慧的象征。"细雨骑驴入剑门",飞栈连云的剑门蜀道,保存有众多的名胜古迹,使得历代墨客骚人为之咏叹不已。

唐玄宗、唐僖宗走过这段剑门蜀道,

剑门关

阿斗柏

陈子昂、杜甫、颜真卿、吴道子、李商隐、
白居易、司马光、陆游等文人也走过这段
剑门蜀道。目前，剑门蜀道世界文化线
路遗产申报工作即将启动。如今，剑门
关景区与成绵广高速公路连通，宝成铁
路穿越剑阁县。现在的剑阁县已然成为
一个旅游胜地，古蜀道穿过剑阁县，西

李白曾作诗《蜀道难》，感叹蜀道之艰险

晋文学家张孟阳在《剑阁铭》中说："惟蜀之门，作固作镇，是曰剑阁，壁立千仞，穷地之险，极路之峻。"李白的《剑阁赋》是一首送别的诗，在剑阁之上，送别都显得大气：

"咸阳之南，直望五千里，见云峰之崔嵬。前有剑阁横断，倚青天而中开。上则松风萧飒瑟，有巴猿兮相哀。旁则飞湍走壑，洒石喷阁，汹涌而惊雷。送佳人兮此去，复何时兮归来。望夫君兮安极，我沉吟兮叹息。视沧波之东注，悲白日之西匿。鸿别雁兮秋声，云愁秦而暝色。若明月出于剑阁兮，与君两乡对酒而相忆。"

四 栈道和诗词典故

"明四大家"之一唐寅像

（一）唐寅的《栈道图》

1. 唐寅（1470—1523 年），字伯虎，一字子畏，号六如居士，吴县（今江苏苏州）人。出身商人家庭，自幼聪明伶俐。二十余岁时家中连遭不幸，父母、妻子、妹妹相继去世，家境衰败，在好友祝允明的规劝下收心读书，29 岁参加应天府公试，得中第一名"解元"，30 岁赴京会试，却受考场舞弊案牵连被斥为吏。此后遂绝意进取，以卖画为生。他玩世不恭，又才华横溢，诗文擅名，与祝允明、文徵明、徐祯卿并称"江南四才子"，画名更著，与沈周、文徵明、仇英并称"吴

玉搔醒起来

放惜花心

唐寅作《牡丹仕女图》（局部）

门四家"。

　　唐寅在绘画上擅长山水、人物、花鸟各科。画法早年受沈周、文徵明影响，多"吴派"痕迹，三十余岁时拜周臣为师，主宗南宗"院体"一路，后泛学宋元诸家，

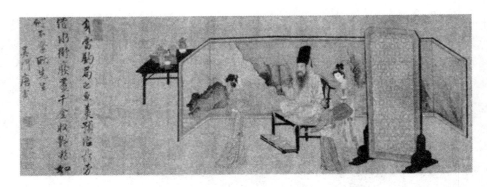

唐寅作《临韩熙载夜宴图》

自成一体。山水画有粗、细两种风格：粗笔一路源自周臣，仿学南宋"院体"，然于刚劲雄健中别具清俊秀逸之韵；细笔画属其本色，更多文人画笔意，景色简约清朗，用笔纤细有力，皴法灵活，墨色淋漓多变，风格奇峭而秀润。人物画造诣也很深，兼善工笔重彩、工笔淡彩、白描、水墨等写意诸法，形神俱备。

作为画家，他的主要成就是山水画，兼擅人物和花卉；作为文学家，他的主要成就是诗歌，并善为骈体文，还写了一些词、曲以及碑铭、启、论等散文。唐寅的七言歌行体古诗成就最高，最能代表他诗

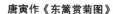
唐寅作《东篱赏菊图》

唐寅作《落霞孤鹜图》

歌的特色。这些诗的内容多为"愤世""省世"之类,语言通俗,婉转流丽,形象鲜明,率真自然。他的诗歌达到了一定的水平,卓然成家。

　　唐寅的山水题画诗可分三类。一是表现自然风光的作品。二是托物言志,直抒胸臆之意。三则是关心民生,揭露社会矛盾。唐寅叹世,同时也自叹。此类诗往往以自身命运的坎坷为引发,表述其感慨和思考,诗中多不平之气。唐寅的题画诗往往能够从画境之外多维地表达情景,以听觉补充视觉。

唐伯虎在《题栈道图》一诗中写道:"栈道连云势欲倾,征人其奈旅魂惊。莫言此地崎岖甚,世上风波更不平。"

在《题栈道图》中,他以象征手法,借栈道的崎岖揭露了世间的不平。全诗实写栈道,虚指世途;虚实对照,旨趣尽出。篇末又颇见"卒章显志"之功。怀才不遇,胸中不平;百姓受苦,豪门骄奢,赋税沉沉,更是不平,种种不平涌至笔端,使唐伯虎来到伍子胥庙中喊出"眼前多少不平事,愿与将军借宝刀"(《题伍子胥庙》)的诗句。从这些可以看到,这位醉卧桃花坞的风流浪子的狂放其实是对现实不满,放荡不羁里蕴涵着对现实的反抗。

唐寅有诗才、书才,却一意倾心于绘画艺术。他的"才子"之称,使他不同于宫廷的御用画家,又不同于深居简出的隐士,他的绘画活动有着较强的开放性,正如同他的人格。他追求艺术上的专一与精深,以此取代自己曾热衷一时的功名心。所以,生活上的坎坷和性情的放荡都不会使他把艺术当做儿戏。尽管后世将他的逸事改造得那么花哨,可一旦面对他留给后人的艺术创作,便会感受到这位艺术家的伟大。

唐寅的山水画极负盛名

（二）李白的《蜀道难》

"噫吁嚱!危乎高哉!蜀道之难,难

瞿塘峡古栈道

于上青天！"

　　这句诗出自唐代著名诗人李白的《蜀道难》，全诗用大气磅礴的句子生动描绘出当时蜀道的险峻。"黄鹤之飞尚不得过，猿猱欲度愁攀援"，那么对于惯常在平坦道路上行走的人来说更是艰险。

李白故居

诗里的蜀道，是诗人的夸张描绘，借道路不平感慨自身路途的艰难和现实的黑暗。有人认为，蜀地虽由于成都盆地四面环山，但是不至于不通人烟。东边取道三峡，南边是南方的丝绸之路，北边是栈道，是蜀地重要的交通路线。

古代栈道

现在一般认为，这首诗很可能是李白于天宝元年至天宝三年身在长安时为送友人王炎入蜀而写的，目的是规劝王炎不要羁留蜀地，早日回归长安。那么北道的栈道，大约是诗人描绘的主体。

这首诗，大约是唐玄宗天宝初年，李白第一次到长安时写的。《蜀道难》是李白袭用乐府古题，展开丰富的想象，着力描绘了秦蜀道路上奇丽惊险的山川，并从中透露了对社会的某些忧虑与关切。诗人大体按照由古及今、自秦入蜀的线索，抓住各处山水特点来描写，以展示蜀道之难。

米仓道

蜀道，一般有广狭二义。广义的蜀道，是泛指出入蜀境的道路。如由今甘肃文县至四川成都的阴平道，由今四川汉沅县经西昌通往云南大理的清溪道，由今四川宜宾南抵云南曲靖的五尺道等，都被看做著名的蜀道。狭义的蜀道则是专指联结秦蜀交通的道路。有由今陕西宝鸡益门镇入口南下四川广元、剑阁的故道，由今陕西南郑抵四川巴江地区的米仓道，由今陕西汉中直趋四川成都的金牛道。还有从关中至汉中的褒斜道、镜骆道、子午道等，因都是入蜀之道，习惯上也把它们包括在蜀道范围之内。

明月峡古栈道

蜀道艰险

蜀道交通的发展，决定了古代巴蜀、汉中及西南地区文化和文明的进步。

我国古代栈道的建筑者在山势陡峻、水流湍急、地质水文情况十分复杂的秦巴山地开辟和修建栈道，充分显示出他们在勘测、设计和施工等方面的高水平。近年来实地考察栈道遗迹的报告证明，栈道包括阁道、隧道、桥梁、路基和路面等工程和驿站等附属设施。蜀道分南北段。自汉中经广元剑阁至成都，为蜀道南段。其中最负盛名的是剑门蜀道。蜀道，这条盘绕秦岭，穿越巴山，跨过千溪万壑的山间栈道，是我国古代建筑者改造自然的物质成果，是我国古代文化和文明的产物。

唐朝定都长安，富饶的蜀汉是其后方基地，川陕间的"蜀道"具有重要的地位和作用。唐王朝自始至终，都非常重视对蜀道的开拓、修筑和维护。尤其是在唐朝动荡的时刻，更加重视这条蜀道，因为它牵动着唐王朝的发展。并且，蜀道作为长安和成都这两个文化中心的交流，也起着纽带的作用。

可是，蜀道最初的交通状况一直不

田横古栈道

是很好。道路是修成了，但路况却不是很好。首先是栈道本身很危险，栈道又称"危楼"，是在险要地段悬空修建的一种道路。它只能承载一定量的负荷，人马行其上，胆战心惊。如汉代嘉陵江边的郙阁栈道"常车迎布，岁数千辆。

遭遇隮纳，人物俱堕，沉没洪渊，酷烈为祸"。要在这样的路上行走，艰难的程度，是毋庸讳言的。

唐宋时期，大量的人员往来和物资运输，使得这条蜀道备受重视，交通也因此便利许多。只是由于蜀道经过的地方地形复杂，而且非常危险，所以蜀道的险峻形势还是无法完全消除。自唐末开始到明清的相当长一段时间里，由于历史上先前暖湿的气候，从南宋开始日趋寒冷干燥，森林资源遭到破坏，使得就地取材修筑栈道的可能性减少。加上战争中人为的毁坏，栈道被一种新的道路"碥道"逐渐代替。

古栈道遗址

　　我们无法重回唐朝，无法见证蜀道栈道的繁荣与险峻，但是通过诗人的描述，通过这位唐代才子的文笔，我们似乎真正亲临蜀道，融合在历史的岁月之中。

　　2005年，西安至汉中高速公路特长隧道群顺利贯通。秦岭隧道群的贯通，标志着国家重点工程——西汉高速公路上最重要的控制性工程顺利完成，使得西安至汉中高速公路通车成为可能。使得陕西和四川之间这条著名的蜀道畅通无阻，让两地之间的交流来往不再顾虑"蜀道难"。

连云栈道南接褒斜栈道

（三）孙昭的《连云栈》

连云栈道始凿于北魏武帝正始元年，北魏正始四年（507年）至永平二年（509年）畅通，修通后经久不衰。它起于宝鸡市凤县古城凤州，途经三岔骆、废邱

连云栈道始修于汉代

三峡古栈道遗址

古代栈道

关（现名为留凤关）、连石寺、枣本栅、留坝、武关、鸡头关，它北连故道栈道，东南通褒斜道支道，全长四百多公里。清朝康熙二年，又将栈道部分换成碥道。用青石板铺成二至几米宽的骡道，为防洪水，减少桥梁走山道，大大方便了行旅，一时间连云栈道上游客往来，商贾络绎不绝。

连云栈道南接褒斜栈道，至姜窝子向西北沿紫柏河而上经留坝县城（安山驿）、张良庙（紫柏山麓柴关岭）、留凤关，出宝鸡大散关，全长一千二百余里，在境内长210里。连云栈道关山险阻，水系分合，

鸡头关

风物习俗，城邑游观遗迹等方面独具特色。明代孙昭作《连云栈》诗云："危楼断阁置梯平，磴道迎云寒易生。落木倒听双壁静，飞轮斜度一空横。高林数息征鸿翼，崖壁时翻瀑布声。未信关南地形险，翻疑仙洞石梁行。"

　　现在宝汉公路的行车路线，除凤县境内的酒奠梁和柴关岭未循古栈道外，其余路段基本上沿古栈道修建。川陕公路宝（鸡）汉（中）段拓宽改造工程的全线告竣，彻底结束了数千年来"蜀道难"的历史，使入川"蜀道"变为山区二级公路。乘车行至汉中留坝县张良庙，透过车窗就能看见两边崖壁上架过连石栈道的凿痕"褒斜道"。这条栈道在今陕西境内，由秦岭南麓褒城县北的褒水河谷（褒谷）至秦岭北麓眉县西南的斜水谷（斜谷），全长约二百五十公里。战国时，秦国为攻楚国，又加以修建。秦末，楚汉相争，

褒斜道北石门栈道

汉王刘邦接受张良建议，为了表示安于在汉中为王，向西楚霸王项羽作出无意东进之态势，乃烧毁了褒斜道。到汉武帝时，又修复了褒斜道。褒斜道又称北栈道，现褒城鸡头关石门栈道遗迹为全国重点文物保护单位。是历史上有名的栈道、用兵要地，为古代跨越秦岭的主要道路。

褒斜道石门

还有一种说法称：明清两代，从汉中通往关中的栈道叫北栈，又叫秦栈；通往四川的栈道叫南栈，又叫蜀栈，北栈和南栈又总称连云栈。

孙昭诗中的连云栈应该是指前一种说法。

《栈阁图考》记："栈道由宝鸡至褒城为连云栈，即北栈也。由沔县进历宁羌、广元、昭化、剑州为南栈，当川藏通衢。"

古代的诗词格律和书画作品上，也常常借用连云栈借物抒怀，或比喻仕途的艰辛，或借此揭示现实的残酷，或借用这样的壮景来言志。

五　明修栈道，暗度陈仓

昔日的秦岭古道就从这里通过

陈仓道风景区

古代栈道

元代尚仲贤《气英布》第一折："孤家用韩信之计，'明修栈道，暗度陈仓'，攻定三秦，劫取五国。"

"明修栈道，暗度陈仓"指作战时正面佯攻，诱敌集结固守，迷惑敌人，而从侧面突袭之战略。此计与"声东击西"之计有其相似之处，二者所不同者，"声东击西"乃隐其攻击地；而"暗度陈仓"乃隐其攻击路径。后喻掩人耳目，而暗中行动，或行不可告人之事。

"明修栈道，暗度陈仓"是一个广为人知的历史故事，故事中的陈仓，就是今陕西省第二大城市宝鸡市。宝鸡位于

宝鸡古称陈仓，是华夏始祖炎帝的故乡

明修栈道，暗度陈仓

秦岭风光

八百里秦川西部，是炎帝故里、周王朝及秦王朝发祥地，"陈仓"是宝鸡的古名，在这个典故里特指渭河北岸的陈仓古渡口。

最著名的栈道是从关中翻越秦岭，南通汉中、巴蜀的古代交通要道，由秦岭古道、褒斜道、连云栈道组成。全长250公里，架于悬崖绝壁和泥沼之地。栈道在关中的出口斜谷关距陈仓古渡相距约七十公里。东边与咸阳、西安相邻，南与汉中接壤，西、北和甘肃的天水、平凉相依；南部是绵延数千里的秦岭，西侧有峻峭的陇山，北部千岭、乔山重重叠叠。这样天然的地理优势，使宝鸡成为一个交通要道，在这里发生的历史故事数不胜数。

西汉初修建的"陈仓道"起自陕西渭水边的陈仓（今陕西宝鸡市益门），西南行，经大散关、凤县，转东南沿褒水经南星、留坝、马道至汉中的褒城鸡头关，全长约二百七十五公里。陈仓道是利用嘉陵江越过秦岭和大巴山地较宽广的河谷而建，因而成为沟通秦岭南北的主要通道，因秦岭北侧有散关扼控，又名散关道；又因途中沿嘉陵江上源故道水而行，秦时设置故道县，又名故道。陈仓道于北魏正始四年（公

秦岭古道蜿蜒于山间

明修栈道，暗度陈仓

秦岭古道

元 507 年）改道石门，成为中唐以后通剑南的驿道。宋代曾加修茸，但是从此之后此栈道逐渐失去作用。

《西都赋》云古之陈仓道由凤县西南的连云寺入沟，至勉县百丈坡出口，接汉中入蜀的金牛道，绵延二百余里，这就是韩信"明修栈道，暗度陈仓"的故道栈道。现在凤县南星乡连云寺有一尊清乾隆年间的石碑，上面刻着"对面陈仓古道"六个字，距沟三里处有碑文刻着"陈仓故道之墓"，当地群众将其称为陈仓坟。

《史记·高祖本纪》："……项王使卒三万人从，楚与诸侯之慕从者数万人，

傥骆古道

子午峪古道

明修栈道，暗度陈仓

从杜南入蚀中。去辄烧绝栈道，以备诸侯盗兵袭之，亦示项羽无东意……八月，汉王用韩信之计，从故道还，袭雍王章邯。邯迎击汉陈仓，雍兵败……"

秦王朝"二世而亡"，之后楚汉相争，上演了一幕名传千古的战争活剧——"明修栈道，暗度陈仓"，由此揭开了"楚汉相争"的序幕。

项羽自恃兵力强大，自封为西楚霸王。他和刘邦曾在反秦战争中约定，先攻入咸阳者为王。自此，两位枭雄开始明争暗斗。项羽企图独霸天下，他表面上主张分地封王、分配领地，心里却已开始盘算，将来怎样一个个地消灭他们。

秦岭风光

到了公元前207年，刘邦兵力虽不及项羽，但刘邦先破咸阳，项羽勃然大怒，派英布击函谷关，项羽入咸阳后，到达戏西。但是刘邦对项羽还是有所顾忌，只好先封存秦的府库，退出咸阳，驻兵灞上。随后项羽入咸阳，杀秦王子婴。项羽不愿意让刘邦当"关中王"，也不愿意他回到家乡（今江苏沛县）一带去，便故意把巴、蜀（今都在四川）和汉中（在今陕西西南山区）三个郡分给刘邦，封他为汉王，以汉中的南郑为都城。随后分别封降将章邯、司马欣、董翳为雍王、塞王、

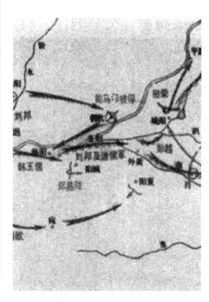

楚汉之争作战图

明修栈道，暗度陈仓

翟王，称为三秦，统治关中，来防范刘邦入秦。刘邦也有独霸天下的野心，当然很不服气，其他将领对于自己所分得的更小的地盘也都不满。刘邦的左司马曹无伤派人在项羽面前说刘邦打算在关中称王，项羽听后更加愤怒，决心击败刘邦的军队。刘邦从项羽的叔父项伯口中得知此事后，说服了项伯，项伯答应为其在项羽面前说情，并让刘邦次日前来向项羽赔罪。刘邦带着张良和大将樊哙亲自到鸿门，告诉项羽，自己只是看守咸阳，等项羽来称王。项羽相信了刘邦，设宴招待

西楚霸王项羽

他。范增坐在项羽旁边，几次暗示项羽动手杀刘邦，可是项羽却假装没看见。范增就让大将项庄到酒桌前舞剑助兴，想借机刺杀刘邦。项羽的叔父项伯赶紧也拔剑陪舞，用身体挡着刘邦，暗中保护他，项庄一直没有得手。张良一看情况紧急，赶紧出去召唤刘邦的大将樊哙。樊哙立刻手持盾牌和利剑，直接闯入军帐，斥责项羽。项羽在犹豫不决之中使得刘邦逃走。一场剑拔弩张的宴会，就这样平息下来。这就是历史上著名的"鸿门宴"。

张良认为刘邦胸怀大志，能够统一天

斜谷关的穿山古道

下，现在受项羽的排挤压制，被封到一个小小的、偏僻的汉中为王，自己应该帮助刘邦建功立业。由此，张良就向汉王告假，想自己看看汉中的地形，为将来的大业做好准备。

张良烧的这条栈阁之道，就是南起褒谷口，经过今陕西留坝县的马道、武关驿，北转下南河、江口，再入红崖河、太白县城、五里坡，出眉县斜谷关的穿山古道。

张良烧绝褒斜栈道的事，被项羽、章邯知道后，心中大喜。他们料想刘邦不会东山再起，从此可以高枕无忧了，放松了

美不胜收的栈道风光

对刘邦的警惕。

　　汉王元年（公元前206年）8月，经过韩信训练后的汉军军容严整，军纪严明，战斗力更强了，刘邦决意挥师东进。张良离开刘邦之前，曾献"明修栈道，

明修栈道，暗度陈仓

张良烧毁了褒斜栈道，令项羽大喜

褒谷口

古代栈道

汉中石门栈道风景区

暗度陈仓"之计。如今汉王又向韩信征询东进大计，韩信的战略战术与张良不谋而合。

于是，韩信派樊哙、周勃率领老弱病残一万余人，去修复褒谷口的褒斜栈道。樊哙接受军令后，不知是韩信的妙计，只是在内心埋怨张良：早知今日重修，何必当初烧毁？沿途艰难险阻太多，他二人信心不足，因此修筑进展缓慢。

雍王章邯曾接受项羽的密令：堵住汉中，把刘邦死死地关在偏僻的山区。章邯此时闻知汉王派众将率领士兵修复栈道，大笑说："当初刘邦下令烧毁栈道时，怎么没想到出来的事？现在又要重修，三百

明修栈道，暗度陈仓
115

项羽没想到刘邦借修栈道之机已率军经陈仓直逼关中

里栈道尽在悬崖峭壁上，何年何月能修成？多么蠢笨的主意呀！"说完，又问左右韩信是什么人？左右将韩信的历史向他说明。章邯又大笑不止说："原来是个钻裤裆的庸人，他能有什么将才？"于是放下心来，毫无戒备。

章邯哪里知道，当樊哙率领修复栈道的队伍进入褒谷不久，韩信和刘邦却统帅十万大军，悄悄地绕过褒水，然后分为两路进军。其中一路从今勉县百丈坡入口，经土地梁、火神庙、九台子、铁炉川（今留坝县闸口石），翻箭锋垭到大石崖（今

安徽黄山山间栈道

凤县瓦房坝），北出陈仓沟口的连云寺等地，日夜兼行。神不知鬼不觉地渡过渭水，以迅雷不及掩耳之势，直扑陈仓（今陕西省宝鸡市）。不久章邯便接到紧急报告，说刘邦的大军已攻入关中，陈仓（在今陕

明修栈道，暗度陈仓

战术的典范

西宝鸡市东）被占，守将被杀。章邯起初还不相信，以为是谣言，等到证实的时候，慌忙领兵抵抗，但已经来不及了。他亲率军队赶到陈仓去抵御汉军，可是积愤已深、勇不可挡的汉军，如出山的猛虎，杀得章邯节节败退。他急忙逃回废邱（雍王章邯的都城），紧闭城门，高悬吊桥。然后派人向司马欣、董翳求援。此二人见韩信用兵这么厉害，汉军这么勇敢，都不敢轻易出动。韩信不失时机地命令周勃、灌婴去攻取咸阳，卡住章邯东逃的退路。废邱城面临渭水，防守严密，易守难攻。韩信利用萧何提供的地图，仔细察"明修栈道，暗度陈仓"已成为军事上声东击西看，决

刘邦借修栈道之机暗度陈仓，
项羽悔之晚矣

定智取。他命令樊哙到渭水下游截流，水不下泄，很快猛涨，如万马奔腾，涌进废邱城。章邯见势不妙，急忙率兵从北门突围。韩信再命令樊哙放水，汉军打入废邱。章邯丢了城池，前无去路，后有追兵，只得拼死一战，结果惨败。他自知无法脱罪，

明修栈道，暗度陈仓

褒谷口

凭栏远眺，感慨万千

便在绝望中拔剑自刎了。

　　董翳、司马欣二人都是章邯的部下，闻知章邯已死，就先后投降了。初露锋芒的韩信，出奇制胜夺取了三秦，打开了汉军东进的大门，为刘邦建立了一块兴汉灭楚的可靠根据地，号称三秦的关中地区于是一下子被刘邦全部占领了。

　　"明修栈道，暗度陈仓"作为声东击西的典型战例，屡屡为后世的军事统帅效法。它从正面迷惑敌人，用来掩盖自己的攻击路线，而从侧翼进行突然袭击。这是声东击西、出奇制胜的谋略。